Retalhos

Copyright by © Petit Editora e Distribuidora Ltda., 2020
1-10-20-10.000

Coordenação editorial: **Ronaldo A. Sperdutti**
Projeto gráfico e editoração: **Juliana Mollinari**
Capa: **Juliana Mollinari**
Imagens da capa: **Shutterstock**
Assistente editorial: **Ana Maria Rael Gambarini**
Revisão: **Érica Alvim**
Impressão: **BMF gráfica**

```
Dados Internacionais de Catalogação na Publicação (CIP)
         (Câmara Brasileira do Livro, SP, Brasil)

   Carlos, Antônio (Espírito).
     Retalhos / ditado pelo espírito Antônio Carlos ;
   [psicografia de Vera Lúcia Marinzeck de Carvalho]. --
   Catanduva, SP : Petit Editora, 2020.

     ISBN 978-65-5806-002-4

     1. Espiritismo 2. Psicografia 3. Romance espírita
   I. Carvalho, Vera Lúcia Marinzeck de. II. Título.

 20-44426                                    CDD-133.93
```

Índices para catálogo sistemático:

1. Romances espíritas psicografados : Espiritismo
   133.93

Cibele Maria Dias - Bibliotecária - CRB-8/9427

Direitos autorais reservados. É proibida a reprodução
total ou parcial, de qualquer forma ou por qualquer
meio, salvo com autorização da Editora.
(Lei nº 9.610, de 19 de fevereiro de 1998)
Traduções somente com autorização por escrito da Editora.
Impresso no Brasil, 2020.

VERA LÚCIA MARINZECK DE CARVALHO

Ditado pelo Espírito
ANTÔNIO CARLOS

Retalhos

editora

Av. Porto Ferreira, 1031 - Parque Iracema
CEP 15809-020 – Catanduva – SP
17 3531.4444
www.petit.com.br | petit@petit.com.br

Prezado(a) leitor(a),

Caso encontre neste livro alguma parte que acredita que vai interessar ou mesmo ajudar outras pessoas e decida distribuí-la por meio da internet ou outro meio, nunca deixe de mencionar a fonte, pois assim estará preservando os direitos do autor e, consequentemente, contribuindo para uma ótima divulgação do livro.

Apresentação

Com pedaços de tecidos podemos fazer várias coisas, como uma colcha, que aquece o corpo. Com textos literários pode-se construir uma obra, que aquece a alma. Organizei este livro com pedacinhos tirados dos trabalhos da dupla Antônio Carlos e Vera Lúcia Marinzeck de Carvalho. Com retalhos unidos, tornou-se este singelo livrinho. Espero que, tanto quanto eu, vocês também gostem.

Angélica de Carvalho
Outono de 2020

> **"O perdão que nos ensina Jesus é para todos, também a nós mesmos. O remorso não deve ser negativo, nosso arrependimento deve ser positivo, não de autopunir, sim de reparar, construir. Devemos saber perdoar a nós mesmos, tirar dos nossos erros, acertos; fazer o propósito de melhorarmos, de ajudar a quem prejudicamos, se for possível ajudar a outros que sofrem."**

Trecho extraído do livro Reconciliação

Possamos, pouco a pouco, ir caminhando para nossa união definitiva com o Senhor Pai de Bondade. A sua luz imploramos para que não nos percamos nas trevas. As suas mãos lhe pedimos para que nos coloque no barco de Sua sabedoria. E assim possamos atracar o oceano de nossa ignorância em segurança, desfrutando de Sua harmonia e amor.

Trecho extraído do livro Copos que andam

" Somos de muitas formas chamados a conhecer a verdade, o bom caminho. Todas as religiões orientam seus seguidores a praticar o bem, a amar o próximo. O espiritismo nos tem dado tantas orientações, esclarecendo-nos sobre os ensinos de Jesus, e de maneira coerente, raciocinada. Abençoada Doutrina! **"**

Trecho extraído do livro Muitos são os chamados

> **"** Tudo o que fazemos a nós pertence; as boas obras são tesouros que nos dão a fartura do conhecimento, do aprendizado, das virtudes adquiridas. As más obras são dívidas que contraímos, que um dia teremos que resgatar pelo bem, construindo e reparando faltas. Oportunidades pelo amor são dadas, mas, se nos negamos a aproveitá-las, vem a dor, esta sábia companheira, a nos corrigir, a chamar-nos à realidade para a vida maior. **"**

Trecho extraído do livro Cativos e libertos

> **Como a ingratidão fere o ingrato! Que a gratidão passe a fazer parte dos bons sentimentos do nosso dia a dia. O livro espírita é grande consolo, fonte de conhecimentos e amor, e é nele que encontramos preciosas lições de gratidão.**

Trecho extraído do livro
Histórias maravilhosas da espiritualidade

Dê mais lugar no seu coração ao amor, deixe que este sentimento puro domine todos os outros. Olhe com carinho os lugares que gosta; perto das pessoas ou afastado delas, continue a amar, a saudade se tornará suave. Aprendendo no presente nosso futuro será de esperança.

Trecho extraído do livro Reconciliação

" Não estamos livres das nossas ações pelo perdão, pedir perdão é pedir um recomeço, e Deus nos dá sempre nova oportunidade. Podemos pelo sincero arrependimento sermos perdoados pelo Pai Amoroso, porém não estamos livres das reações dos nossos atos. **"**

Trecho extraído do livro Copos que andam

> **Devemos pedir em oração o que almejamos? Sim, porém, nossos pedidos devem ser justos e simples, devemos pedir somente o bem, tanto para nós como para outras pessoas, e pensar que antes da nossa vontade, de nossos desejos, está a vontade e a sabedoria do Pai que nos ama. Ao orarmos com sinceridade, a oração nos acalma e uma doce paz nos envolve, e isto é o mais importante.**

Trecho extraído do livro Filho adotivo

RETALHOS

> **Se não fizermos o bem e não pararmos de errar, não iremos nos livrar das expiações e da dor do retorno dos nossos atos equivocados. Fazer o bem é garantia de harmonia e felicidade.**

Trecho extraído do livro Palco das encarnações

> **Quem muito recebe muito deve ser agradecido. Sejamos agradecidos, analisemos o muito que recebemos. Se não agradecemos, com que coragem iremos pedir novas graças? Não estamos sempre necessitados da bondade de Deus? A Ele, ao Pai Celeste que tudo devemos, nossa gratidão e amor!**

Trecho extraído do livro Muitos são os chamados

> **Será que pessoas dinâmicas seriam felizes sem fazer nada? O trabalho é a alavanca do progresso espiritual. Há sempre muito o que fazer. Podemos aprender, estudar e fazer tarefas. Como somos auxiliados, devemos auxiliar. Não crescemos sem estudo e trabalho.**

Trecho extraído do livro Reconciliação

> **Somos donos dos nossos destinos, seja na construção do bem ou no acúmulo de dívidas no cultivo do mal. O que somos hoje é resultado do que fizemos ontem, e nosso amanhã será o florescimento do que plantamos hoje.**

Trecho extraído do livro Palco das encarnações

> Não é pela morte de um amigo que estou triste. É pela sua ausência física. Somos e seremos sempre amigos. Não é porque ele desencarnou que deixaremos de ser amigos. Os sentimentos continuam depois que a morte nos leva a viver noutro plano.

Trecho extraído do livro Escravo Bernardino

> **"** É necessário pensar, assimilar o que aprendemos e passar a vivê-lo. Não basta dizer do que se aprende que é maravilhosa a lição. Para obtermos êxito, é preciso fazer com exatidão o que nos foi ensinado. Observar o alimento num prato e dizer que é bom não satisfaz o estômago, é preciso comê-lo. Da mesma forma, não basta ler ou ouvir os ensinamentos dos Evangelhos, é preciso viver como Jesus nos ensinou. **"**

Trecho extraído do livro
Reparando erros de vidas passadas

"A Terra, tudo o que existe nela, o Universo, tudo é obra do Pai, tudo pertence ao Criador, até nós. Muitos se julgam 'donos'. Donos do quê? De terras, casas, de outras pessoas? Moramos aqui por pouco tempo e o que levamos? Nada. Voltamos ao Plano Espiritual só com o que tínhamos quando nascemos e com o aprendizado que fizemos. Não somos donos de nada; na verdade, somos administradores das coisas, das obras do Pai. Felizes os que desencarnam sentindo-se livres e que foram bons administradores."

Trecho extraído do livro Cativos e libertos

> **Devemos amar a nós mesmos. Se não amarmos a nós mesmos, como amar nosso próximo? Devemos nos tornar melhores e querer bem a todos. Mas que o amor que sentimos não nos afunde no egoísmo e na vaidade, e sim no altruísmo. Ele deve ser benévolo.**

Trecho extraído do livro O rochedo dos amantes

> Ao orar, desejar o bem a alguém, enviamos fluidos positivos e benéficos. Ao desejar mal e ter ódio, rancor, enviamos fluidos nocivos. O recebedor pode receber ou não. Nos dois casos, depende de sua vontade ou do estado vibratório em que se encontra e também por afinidade. Lembremos que fica em nós o que desejamos a outros, energias boas ou a ruim. Estejamos sempre de bem com a vida e pessoas, assim estaremos em paz.

Trecho extraído do livro
Histórias maravilhosas da espiritualidade

> **"** O espiritismo prova-nos de muitas formas que continuamos vivos após a morte do corpo físico e que necessitamos pensar nesta sobrevivência, porque a desencarnação é para todos. E a nossa vivência no Plano Espiritual tanto pode ser boa como ruim; será em conformidade com a vivência que estamos tendo aqui como encarnados. **"**

Trecho extraído do livro Muitos são os chamados

> **"** Nós reencarnamos sem dinheiro e partiremos igualmente sem levar um centavo. É justo receber remuneração pelo trabalho honesto, mas ganhos materiais não nos devem preocupar em excesso. Nós somente alcançaremos o equilíbrio não nos alegrando com o lucro e nem nos entristecendo com o prejuízo. **"**

Trecho extraído do livro Filho adotivo

" A doença não pega em ninguém que não esteja propício a tê-la. A doença somente vem se acha o doente, isto é, a pessoa com predisposição para tê-la ou o espírito doente. Se você tem de sofrer uma doença, vai tê-la; se não, não a terá. Procure estar com o espírito sadio, e isto acontece quando fazemos o bem. **"**

Trecho extraído do livro Escravo Bernardino

> **"** Agradeço ao Senhor pela oportunidade de trabalho. Sou grato, Pai, por servir em Seu nome e poder sanar dores, enxugar lágrimas; tudo o que faço é ato de Sua bondade. Longe estou de ser digno de servir em Seu nome. Leve, Deus, por favor, a minha vontade; ajude-me a ser servo útil e oriente-me sempre no caminho do bem. **"**

Trecho extraído do livro
Reparando erros de vidas passadas

> **Devemos lembrar de quem sofre, da oração e que devemos ser resignados, aceitar todo o sofrimento com paciência, porque, se não sofremos com resignação, o sofrimento pouco adianta. A dor é companheira abençoada que ajuda a nos transformar para melhor. É pela dor que tantas vezes recorremos a Deus e nos lembramos Dele.**

Trecho extraído do livro Escravo Bernardino

> **"** Façamo-nos merecedores de receber orações de gratidão. Gratidão é uma força imensa, e a bênção desse sentimento fortalece, inspirando para o melhor. E ser grato é aprender a amar e ser receptivo a receber novos bens. **"**

Trecho extraído do livro A casa do penhasco

> "Não foi o espiritismo que inventou lei nenhuma e nem a reencarnação. A Doutrina Espírita somente veio para esclarecer. A reencarnação é de conhecimento de povos antigos. Penso que todas as religiões futuras deverão acreditar na reencarnação porque é muito justa e misericordiosa."

Trecho extraído do livro
A mansão da pedra torta

" Não devemos ficar presos ao passado, nem ao que fizemos nem ao que deixamos de fazer. Como também não nos preocupar com o futuro, este é consequência do presente. Sendo assim, é o presente que importa. É o fazer, melhorar, e agora. Ser feliz por estar no presente aprendendo a amar e aproveitando as oportunidades de ser útil. "

Trecho extraído do livro Véu do passado

"Faz muita falta à família uma religião seguida de forma sincera e com fé. Muitas coisas tristes seriam evitadas se fossem mais religiosos. Problemas seriam melhor resolvidos e amenizados com a ajuda sincera da oração e do apoio de companheiros de fé. Harmonizamo-nos quando oramos e assim conduzimos melhor nossas dificuldades."

Trecho extraído do livro O rochedo dos amantes

> **Paciência, perseverança e treino, este é o caminho para se fazer um trabalho bem feito. Cabe aos encarnados serem mais precavidos, estudiosos e menos orgulhosos e vaidosos. Tudo o que fizermos deve ser com amor. Tudo o que fizer, pense que é para Jesus que está fazendo e que você está na Sua presença.**

Trecho extraído do livro
Histórias maravilhosas da espiritualidade

> **Para que o Amor cresça em nós, o ódio e o rancor não devem ser alimentados, antes devem ser extintos, para que a plantinha meiga e frágil do amor fortaleça e irradie em nós, de dentro para fora, toda sua beleza.**

Trecho extraído do livro O rochedo dos amantes

> **Ser feliz é estar tranquilo, em paz consigo mesmo, sentir Deus em si e no próximo e fazer de tudo para colocar em prática o que a Doutrina Espírita nos ensina. Mesmo passando por dificuldades, deve-se se sentir feliz. Felicidade é algo interno, independente do exterior.**

Trecho extraído do livro Por que comigo?

> **Quando se ama, não são dois a caminhar olhando um para cada lado, mas ambos para a mesma direção. O amor deve unir de forma verdadeira, sem egoísmo, e que possam caminhar juntos como companheiros.**

Trecho extraído do livro O jardim das rosas

"Não devemos chamar aparições de 'fantasmas', são pessoas como nós, que vivem por um período desencarnadas. Pessoas boas desencarnam e continuam boas, esforçando-se sempre para se tornar melhores. Pessoas más permanecem más até que entendam a necessidade de se melhorarem. 'Almas penadas', 'fantasmas', são desencarnados que vagam normalmente por lugares que viveram quando encarnados, quase sempre atormentados pelo remorso ou pelo ódio. Oremos por eles.**"**

Trecho extraído do livro
A mansão da pedra torta

> **Tudo o que aprendemos nos pertence. E, infelizmente, ao termos conhecimentos de algo que não seja para o bem ou se os usamos para prejudicar, estes podem nos marcar profundamente e podem nos causar dor. A sabedoria está em aprender e usar devidamente, para o bem, estes conhecimentos.**

Trecho extraído do livro Véu do passado

> **Não é revidando ataques que se constrói. Certamente, ao estarmos fazendo algo de útil, há e haverá sempre os que nos contradizem. Nós e eles, todos somos livres para ter ideias e lutar por elas. Todos devem ser respeitados! Seremos respeitados mostrando nosso trabalho aos que pensam o contrário. Devemos fazer o que nos compete e bem feito. Não devemos criticar nem nos importar quando as recebemos, mesmo destrutivas. O que é bom fica, e o que não é aproveitável passa sem deixar rastros.**

Trecho extraído do livro Aqueles que amam

> **"**Não devemos temer a desencarnação, esta mudança de plano deve ser vista com maturidade. A vida é contínua, temos estágios lá e aqui. Para quem faz por merecer, agindo com dignidade e bondade, o desligamento do perispírito do corpo físico morto é suave e tranquilo.**"**

Trecho extraído do livro O jardim das rosas

❝ O tempo passa e não tem retorno. Não devemos desperdiçá-lo em mágoas, vingança, inveja, mas sim fazer algo de bom para nós mesmos. Lembrando que, quando fazemos o bem a outro, a nós estamos fazendo. **❞**

Trecho extraído do livro Novamente juntos

> **"** Devemos pensar o que iremos fazer de agora em diante. Não agir mais com egoísmo, cultuar o amor verdadeiro, e teremos nossa vida modificada para melhor. Evitemos errar para não sentir a dor do remorso, do arrependimento. Esqueçamos o que fomos até ontem, foquemos no que somos e no que pretendemos ser daqui para frente. **"**

Trecho extraído do livro
Quando o passado nos alerta

> **"O perigo de se envolver com desencarnados sem conhecimento é que um deles fique perto do encarnado. É imprudência perigosa brincar usando pêndulos, copos e outros objetos para que espíritos respondam indagações. Desencarnados que dão respostas, salvo raras exceções, brincam e se divertem fazendo de bobos os encarnados e podem resultar em dolorosas obsessões. O assunto é sério, então não brinque com ele."**

Trecho extraído do livro Reflexos do passado

> **Quando nos reunimos para fazer algo, devemos entender que somos diferentes e que podem, no grupo, haver opiniões diversas. Para viver bem com o outro, é preciso ser tolerante para ser tolerado, compreender para ser compreendido. Para viver bem na sociedade, temos que aprender a ceder, entender e não nos melindrar. Tudo passa, e o ensino religioso permanece.**

Trecho extraído do livro Novamente juntos

> **Somos livres para agir, mas não o somos para receber as consequências que geraram o nosso proceder, é a lei. Porém podemos neutralizar reações adversas, construindo, com muito trabalho benéfico, o que destruímos ou prejudicamos.**

Trecho extraído do livro O sonâmbulo

> Se a gente não tiver personalidade, coragem de dizer 'não', acabamos por fazer coisas que não queremos e que não nos convêm. Tantas pessoas, por não terem coragem de reagir, acabam fazendo atos errôneos. Corajoso é quem não tem medo de dizer 'não' a respeito de algo que sabe que não dará certo. Cabe a nós decidir pelo que nos convém.

Trecho extraído do livro A casa do penhasco

A morte do nosso corpo físico não deveria nos assustar. A desencarnação deveria ser, por todos, encarada de forma natural e, se estamos conscientes e preparados, ela nos leva a uma mudança feliz.

Trecho extraído do livro
A mansão da pedra torta

> **Graças lhe dou, Pai Celeste, pela oportunidade da reencarnação, nesta escola terrena onde aprendemos a amar, a perdoar, onde podemos tirar lições de erros para acertos futuros. Porque, de existência em existência, de degrau em degrau, o progresso nos espera com bênçãos para que alcancemos a felicidade e a paz que tanto almejamos. Felizes daqueles que amam sem sofrer e abençoados os que sofrem e aprendem a amar.**

Trecho extraído do livro Por que comigo?

> **"** O amor é um sentimento forte que une, laça as pessoas, mantendo-as unidas mesmo quando distantes. O amor, carinho, fortalece o espírito perpetuando uniões. E este afeto sincero deve ser estendido a todos. Quando aprendermos a amar, seremos muito mais felizes, porque o amor anula erros, leva-nos ao progresso e, consequentemente, à felicidade. **"**

Trecho extraído do livro O rochedo dos amantes

> **As parábolas têm dois sentidos: o material e o espiritual. O material é de fácil entendimento: são os fatos do dia a dia, da natureza. O espiritual depende da evolução, da capacidade de assimilação de cada indivíduo. Nós mesmos já as interpretamos de muitos modos e certamente o faremos futuramente de outras formas. As parábolas nos convidam a uma profunda meditação.**

Trecho extraído do livro O último jantar

> **Religiões devem ter como objetivo principal levar as criaturas ao encontro do seu Criador. Seus membros não devem criticar uns aos outros nem as outras crenças. A maioria das religiões tem como ensinamento fazer o bem e evitar o mal.**

Trecho extraído do livro O sonâmbulo

> **Nosso planeta é de provas e expiações, mas devemos vê-lo também como uma escola onde temos a oportunidade de aprender, crescer para o progresso. Sofrimentos, dores, são, em parte, resultado dos nossos erros do passado como também da vivência atual e de lições que temos que aprender para evoluir. Devemos ver as dificuldades como desafios a serem vencidos, problemas a serem resolvidos e conhecimentos a serem adquiridos.**

Trecho extraído do livro Reflexos do passado

> **Muitas pessoas indagam o porquê de não se recordarem, quando encarnadas, de suas outras existências. Esquecem da bondade de Deus, que nos dá outras oportunidades de recomeçar. Às vezes as lembranças são tão amargas que nos impedem de aproveitar essa abençoada dádiva da reencarnação. O esquecimento é um ato de misericórdia do Pai.**

Trecho extraído do livro O jardim das rosas

> **O saber facilita a existência, porém não é o fim, e sim um meio. Porém tudo o que fazemos com conhecimento, fazemos melhor. O importante é viver sempre com Deus no nosso coração, fazer tudo como se estivéssemos vendo-O. Viver de tal forma que se víssemos Jesus não iríamos nos envergonhar, e sim nos ajoelhar e render graças.**

Trecho extraído do livro Aqueles que amam

" Religião é importante porque são setas no caminho. Mas nos cabe dar os passos para caminhar rumo ao progresso. É bom conhecer os ensinos de Jesus, é uma orientação boa para seguir o bom caminho, porque a maioria das religiões nos ensina a fazer o bem, evitar o mal, amar a Deus e ao próximo. Religião é ligar ou religar o indivíduo a Deus. E existe algo mais forte para isso que o amor? "

Trecho extraído do livro Véu do passado

> **Não devemos ficar remoendo o passado, mas sim aproveitar bem o presente, estudar, aprender para ser útil da melhor maneira possível. Não adiar o que se tem de fazer para o futuro. Compreender que o que importa é o presente, é fazer, realizar no momento.**

Trecho extraído do livro O último jantar

> Quem faz o bem recebe o bem. Quem faz o mal tem o retorno de seus atos em sofrimento. Quem nada faz, o que recebe? Nada? Um vazio existencial? E se esse deixar de fazer resultar em sofrimento para alguém, o que receberá? Devemos pensar sobre isto.

Trecho extraído do livro Por que comigo?

A desencarnação é um processo de mudança complicado a muitos. Ao chegar ao Plano Espiritual vemos tantas coisas, novidades, e temos muito o que aprender. Não esquecemos de nossa última passagem pelo físico e, às vezes, já bastam estas lembranças para nos incomodar. Se, de imediato, recordarmo-nos de todas nossas reencarnações, seria um excesso de informações.

Trecho extraído do livro Amai os inimigos

> **Podemos do sol tirar um grande exemplo. Silencioso, ele dá luz e calor a todos igualmente. Faz simplesmente o que tem de ser feito: existe, é útil. Devemos então fazer por amor a todos e sem alarde; sermos uma fonte de luz e calor.**

Trecho extraído do livro O último jantar

> **Devemos pensar no que levaremos quando tivermos de mudar de plano com a morte do nosso corpo físico. De material, nada! Então o que seria? Nossas ações! Somente nossas ações nos acompanham nessa hora. As positivas e as negativas. Sejamos então ricos de bons atos.**

Trecho extraído do livro O castelo dos sonhos

" Não devemos sofrer com separações momentâneas, porque aqueles que amam verdadeiramente reencontram-se. Vamos fazer o propósito de aprender a desapegar até daqueles que amamos. Amar sem nos apegar: esta é a difícil lição! Porém necessária ao nosso progresso. **"**

Trecho extraído do livro A intrusa

> **Antes ser a vítima! Antes receber uma maldade que fazer uma! Quando recebemos um mal, podemos sofrer, mas não nos tornamos maus. Quem faz a má ação é dono dela e a reação é dolorosa. Recebi uma ação maldosa, sofri, mas passou, não padeço mais, mas quem a fez, se não sofre, irá sofrer.**

Trecho extraído do livro Amai os inimigos

> **Deus dá a todos um mesmo ponto de partida, a mesma capacidade, as mesmas obrigações a cumprir e a mesma liberdade de ação. Qualquer privilégio seria uma preferência e qualquer preferência, uma injustiça. Mas a encarnação é para todos os espíritos um estado transitório. Entender a Lei da Reencarnação é ter certeza que Deus é justo.**

Trecho extraído do livro A órfã número sete

> **Quando sabemos, conhecemos a verdade, somos libertos; conhecimentos no bem harmonizam-nos onde quer que estejamos. Quando entendemos o sofrimento, aprendemos a amar mais e verdadeiramente, que crédito maravilhoso teremos para o futuro! Não crédito de facilidade, mas de oportunidades.**

Trecho extraído do livro O castelo dos sonhos

> **"** Quem for com um copo a uma fonte de água pura e cristalina receberá um copo, assim como quem for com um dedal, um balde ou um recipiente maior. O importante é ir buscar. Fazer sua parte. Para chegar à fonte deve-se ter trabalhado, estudado a melhor forma de ir, insistir em pedir. Não ficar parado esperando, mas se tornar receptivo. **"**

Trecho extraído do livro O último jantar

> **Conhecimentos adquiridos pelo estudo e trabalho nos pertencem por direito. Quem faz o bem com conhecimento reafirma esses aprendizados, é o tesouro que não lhe será tirado. Pelas ações boas, é estimado, abençoado e recebe as reações benéficas, assim como atrai para si pessoas com o mesmo sentimento.**

Trecho extraído do livro A gruta das orquídeas

> Somente o amor pode anular o ódio. Com a luz do amor atuo positivamente, construindo, iluminando as trevas e eliminando as energias destruidoras. Anulando este sentimento inferior no outro, estarei substituindo as trevas pela luz e assim tornando o mundo melhor, a casa que o Pai Criador nos deu por moradia.

Trecho extraído do livro Amai os inimigos

> **Ser generoso com pessoas boas é fácil. Prazeroso é fazer o bem aos que amamos. Ser caridoso com pessoas más é mais difícil. Devemos ser puros entre os impuros, luz no meio das trevas e dar nosso amor a todos igualmente. Temos e devemos produzir frutos sempre nas adversidades e nas épocas propícias.**

Trecho extraído do livro O último jantar

> **Sentimentos estão dentro de nós. Lembranças ninguém nos tira e aqueles que se amam estão unidos mesmo estando distantes. Que consolo temos, ao acreditar nestas palavras, quando temos de nos ausentar daqueles que amamos.**

Trecho extraído do livro O castelo dos sonhos

> **"** Que triste é trocar algo verdadeiro por algo ilusório. É um mau negócio! Não se troca amizade e carinho por dinheiro. Fortunas mudam fácil de mãos, a amizade sincera é duradoura. **"**

Trecho extraído do livro A gruta das orquídeas

> Já tivemos outros nomes,
> com certeza teremos mais
> outros tantos pela volta do
> nosso espírito ao corpo físico,
> pela reencarnação.
> Nomes são passageiros.

Trecho extraído do livro
Quando o passado nos alerta

> **Quando queremos melhorar, progredir e, se agirmos dentro dos ensinamentos de Jesus, amar ao próximo como a nós mesmos e fazer aos outros o que gostaríamos que nos fizessem, chegaremos a um patamar em que não devemos mais nada: pagamos nossos débitos pela reação ou pelo trabalho edificante no bem.**

Trecho extraído do livro O castelo dos sonhos

> "Devemos compreender que podemos errar e não culpar outros por tudo o que nos acontece de errado. Normalmente numa discussão costumamos nos lembrar e nos queixar daquilo que escutamos e não daquilo que dissemos. Martirizar-nos com as ofensas recebidas esquecendo das que fazemos. Para não gerarmos energias negativas, devemos agir diferente. Ficar atentos aos nossos atos e melhorarmos."

Trecho extraído do livro A gruta das orquídeas

> **Não devemos julgar uma pessoa por um ato somente. Nós somos um conjunto de ações e com certeza temos em nós o que fizemos de bom ou de ruim. Somos espíritos ainda vulneráveis a exemplos e à educação que recebemos, mas somos herança de nós mesmos.**

Trecho extraído do livro O enigma da fazenda

> **Equipes de bons espíritos têm um carinho especial pelos voluntários do Plano Físico, que mesmo com tantos afazeres se organizam para ir em hospitais, creches, asilos etc. e contribuir de alguma maneira. Trabalho voluntário é uma ação que podemos fazer para reparações de erros, é um aprendizado valioso. Felizes os que compreendem isso e praticam!**

Trecho extraído do livro O céu pode esperar

> **A felicidade é algo interno e particular de cada um. Podemos ser alegres ou tristes pelas circunstâncias externas. Mas a felicidade é para quem conquistou a paz.**

Trecho extraído do livro
Quando o passado nos alerta

> **O espiritismo nos alerta da necessidade de nos melhorarmos. Não devemos remoer nossas ações erradas e nos achar indignos de trabalhar no bem. E nunca devemos esquecer da misericórdia, da bondade de Deus, que nos dá oportunidades de corrigir nossos erros, trocar vícios por virtudes e progredir. Para isso temos o próximo para ajudar, porque auxiliando é que temos a grande oportunidade de aprender.**

Trecho extraído do livro Novamente juntos

> **Somos livres e conscientes. Deus nos deu a faculdade da escolha, de sermos bons ou maus, de agir positivamente ou negativamente. Podemos fazer o que quisermos, plantar o que queremos, porém não podemos nos safar da colheita, que é obrigatória.**

Trecho extraído do livro A gruta das orquídeas

> **Pedir perdão é reconhecer o erro a ponto de não cometê-lo novamente e de saber que se voltasse no tempo, não faria o ato errado. O pedido de desculpa não anula o que se fez e pelo que terá o retorno. Tudo para nós volta, nossas ações boas ou não.**

Trecho extraído do livro
Quando o passado nos alerta

> "Tudo o que acontece conosco tem uma causa; doença é uma forma de aprender a dar valor à saúde ou até mesmo para a alma tornar-se leve e subir ao Plano Espiritual quando o corpo físico morrer. Viver aqui, depois ter este corpo morto e viver lá, no além, são fases da vida. É uma lei natural, e para todos!"

Trecho extraído do livro O céu pode esperar

> **Quando necessitados, devemos pedir ajuda em oração para Deus, nosso Pai, a Jesus, nosso mestre; a Maria, anjos protetores, aos bons espíritos. Com certeza, equipes de trabalhadores bondosos de desencarnados tentarão nos auxiliar da melhor forma possível.**

Trecho extraído do livro O enigma da fazenda

> Tudo o que fazemos em prol de alguém tem o seu valor. Se os que recebem serão gratos ou não, não deve interessar. O mais importante para quem faz o bem é tornar-se bom. Realmente, alguém aproveitará: quem faz! O amor cresce com a prática da caridade. Quem pratica o bem tem paz e consequentemente é feliz!

Trecho extraído do livro A gruta das orquídeas

> "Ao deixar o invólucro físico, ninguém se modifica de repente. Nossa crença ou descrença não é do corpo físico, mas do espírito. Uma simples separação entre o corpo espiritual e o corpo material não pode produzir uma grande mudança em nós mesmos. Modificamos quando realmente queremos, estejamos num plano ou em outro."

Trecho extraído do livro O ateu

> "Piedade é um bom e nobre sentimento, mas que necessita ser acompanhado com atitudes úteis. Somente ela não resolve problemas, mas, se juntar a ação benéfica, são realizadas obras maravilhosas. Junte então a piedade com a ação benévola."

Trecho extraído do livro O enigma da fazenda

"Nem sempre é possível retribuir o bem a quem nos fez. Não devemos esperar nada de quem ajudamos, nem agradecimentos. É fazendo que um dia podemos dizer: está feito! Fizemos o que nos coube realizar. Pode ser que quem ajudamos agora venha nos auxiliar no futuro. Porém é certo: ajudando, ajudado está."

Trecho extraído do livro A intrusa

Ações más não anulam as boas! O amor cobre multidões de pecados. A luz clareia as trevas e não o contrário, as trevas não apagam a luz. O ódio não neutraliza o amor, porém o amor anula o ódio. Cultive o amor no seu coração e, pelas boas obras, ilumine-se.

*Trecho extraído do livro
Entrevistas com os espíritos*

> É bom ter do que se recordar, memorizar acontecimentos agradáveis, mesmo se não podemos mais desfrutar do que recordamos. É preferível ter do que se lembrar, mesmo sentindo saudades, do que não ter. Boas lembranças significam que vivemos bons momentos. Isso nos dá força para continuar vivendo.

Trecho extraído do livro
O escravo: da África para a senzala

> **A desencarnação para mim foi como uma viagem, na qual, ao passar pela alfândega, ficou tudo o que queria trazer. Foram confiscados minhas finanças, roupas, joias, objetos que gostava. Deixei muitas coisas e entendi que nada era meu realmente. Somente algumas coisas vieram comigo nesta mudança: orações que pessoas fizeram para mim, desejando-me que ficasse bem, e muitos 'Deus lhe pague' e 'obrigados'.**

Trecho extraído do livro O cravo na lapela

" Quando ficamos presos a algo que julgamos ser nosso, estamos atados a ele. Devemos entender que somos somente administradores, nada nos pertence. Objetos materiais existem para servir, e transitoriamente, enquanto estamos vestidos da roupagem física. Ao desencarnar, tudo o que julgamos erroneamente ser nosso, muda de mãos. **"**

Trecho extraído do livro A casa do bosque

> Quando ajudamos alguém, não devemos pensar no que ele fez para estar na condição de ajudado. Não devemos pensar no porquê de a pessoa estar sofrendo. Cabe a nós auxiliar sempre. 'Quem julga será julgado', ensinou Jesus. Com certeza há motivos para sofrimentos. Isto não nos deve importar. Não temos os nossos motivos também? Com certeza. Lembremos que nós e todos somos filhos de Deus e roguemos por seu amor e misericórdia.

Trecho extraído do livro O morro dos ventos

> Erramos em julgar que alguém sofre por ter feito maldades e às vezes deduzimos: sofre isto porque fez aquilo, está pagando! Sabemos que não é assim, existem muitos espíritos que, por sua vontade, provam a si mesmos. E, felizes os que foram aprovados, evoluíram e se tornaram mais espiritualizados. Provas são, muitas vezes, testes de resistência para que a pessoa boa se torne melhor.

Trecho extraído do livro O cravo na lapela

> **Fomos criados para evoluir. Quando paramos no caminho, nosso espírito reconhece que está perdendo tempo. Natural é agir corretamente e, quando não se age, não se pode fugir da sensação ruim produzida pelos sentimentos inferiores. Amor é luz, e todos nós gostamos da claridade que irradia alegria. O vazio do bem não realizado é dolorido.**

Trecho extraído do livro
Entrevistas com os espíritos

> **Para termos êxito no trabalho de reparação de atos errôneos, devemos estudar. Porque não perdemos o que aprendemos. Uma vez assimilado, compreendido, nosso conhecimento é o tesouro adquirido do qual nos tornamos os verdadeiros proprietários. E, ao progredirmos, nossa compreensão sobre Deus se torna mais clara e verdadeira.**

Trecho extraído do livro O ateu

> **Quando damos mais importância à nossa parte espiritual, menor é o desejo de ter coisas materiais. Normalmente a falta de paz nasce do desejo de ter, e cada vez mais. Se reduzirmos ao mínimo o desejo de ter, não teremos motivo para perder a paz. Devemos nos esvaziar de tudo o que não nos serve espiritualmente e cultivar o verdadeiro porque são as ações boas, que serão as boas companheiras quando voltarmos ao Plano Espiritual.**

Trecho extraído do livro
Entrevistas com os espíritos

> Jesus nos alerta para não nos onerarmos com a bagagem profana, com coisas materiais que pertencem ao Plano Físico, e não querer transportá-la para o Plano Espiritual. O desejo de posse e o julgar ser dono nos sobrecarregam, fazendo-nos parecer um camelo carregado que não passa nem pela porta estreita e nem no fundo de uma agulha. Desapeguemos e aí atravessaremos o fundo de qualquer agulha.

Trecho extraído do livro Um novo recomeço

> **Somente sente saudades quem ama. Devemos ter sempre este sentimento no nosso íntimo, pois ele é a confirmação do amor. Quando ausentes, sentimos saudades, senti-lo então é amar na ausência. Não matemos então a saudade! Se a matarmos, corremos o risco de também matar o amor.**

Trecho extraído do livro O caminho de urze

> Orar é uma atitude que se pode manifestar por atos. Orar sempre é ter atitudes salutares de amor, em todos os instantes de nossa vida. A oração permanente que nos recomendou Jesus é que nos iluminemos interiormente. É pelos atos bondosos externos, a maneira como se vive no bem, a verdadeira oração.

Trecho extraído do livro O castelo dos sonhos

> **Aqui se faz, aqui se paga. Isto não vale somente para os atos ruins, as atitudes boas também têm retorno. Quando nos recusamos a fazer o bem para alguém, a nós mesmos recusamos. Quando não queremos fazer alguém feliz, a felicidade nos abandona. Aquele que pode fazer o bem e não faz cria em si débito.**

Trecho extraído do livro A intrusa

> **Temos falta de autocensura quando censuramos os outros. Devemos ser severos conosco e mais indulgentes com o próximo. Não podemos, por estarmos insatisfeitos conosco, com nossos atos, descontar nossas frustações em outros. Quando não suportamos a nós mesmos, tudo nos é insuportável, intolerável. Amamo-nos para amar ao próximo.**

Trecho extraído do livro O ateu

> **Deus nos ama igualmente, todos nós somos alvo de seu imenso amor. E quem ama a Deus tem de amar quem Ele ama. Para termos certeza de que de fato amamos nosso Criador, basta verificar se amamos a todos. Se não conseguimos ter o amor humano, como ter o amor divino? Jesus nos recomendou amar o próximo como a nós mesmos, penso que Jesus quis dizer que esse amor-próprio seja amor de Deus dentro de nós.**

Trecho extraído do livro A intrusa

> **"** Jesus nos ensina, suas palavras são sementes espalhadas, e cada um de nós as compreende conforme nosso entendimento e maturidade. Muitas vezes pedimos para Jesus fazer por nós. Mas está no tempo de amadurecermos e dizer ao Mestre: Jesus, o que quer que eu faça? Com certeza sentiremos a resposta dentro do nosso coração: ame! **"**

Trecho extraído do livro
O escravo: da África para a senzala

> A desencarnação é um fato natural, e muitos sofrimentos seriam evitados se todos a compreendessem e a aceitassem como continuação da vida em um estágio diferente. E estando encarnados ou desencarnados, não devemos perder a oportunidade de fazer o bem.

Trecho extraído do livro A casa do bosque

> Santo é aquele que é sábio. Se o ser humano tivesse sabedoria, não erraria mais. Se ainda comete erros, é por falta de compreensão. Deduzo que aquele que erra é imprudente e ignorante das verdades universais, divinas, e o santo, o sapiente, é aquele que compreende as verdades eternas, sente Deus em si e vê o Criador no outro.

Trecho extraído do livro A senhora do solar

> **Estar bem é ter perdoado e ter sido perdoado, é viver com dignidade, orar, tentar ser útil, sentir gratidão, ver sorrisos, olhares tranquilos e saber que contribuí para alguém estar bem. Somente me sinto feliz quando consigo auxiliar.**

Trecho extraído do livro A casa do bosque

> **"** Muitas vezes nos emaranhamos em erros e necessitamos ter por companhia a dor, e esta não é punitiva, mas tenta nos ensinar para termos acertos futuros. Neste emaranhado, sentimo-nos atados, e não é fácil nos livrarmos das próprias amarras que criamos pelo nosso livre-arbítrio. A plantação é livre, porém a colheita é obrigatória. Plantar vento não é difícil, entretanto complica-se quando se colhe tempestade. **"**

Trecho extraído do livro A órfã número sete

> **São muitas as vezes que encontramos soluções para os nossos problemas ajudando pessoas a solucionar os delas.**

Trecho extraído do livro Na sombra da montanha

> Devemos sempre amar a vida! Dar valor em todos e tudo e tentar estar sempre bem para fazer aqueles que nos rodeiam felizes. Não devemos reclamar. Dificuldades fazem parte de nossa trajetória. Se olhar os problemas com amor encontraremos soluções mais fácil. Estejamos sempre sorrindo.

Trecho extraído do livro O caminho das estrelas

> **Todos nós temos oportunidades de ouvir os ensinamentos de Jesus. A diferença está no realizar ou não. Ter grandes ideias e ideais e nada fazer é construir nossa casa sobre a areia. Ouvir é prazeroso, ter planos é agradável, mas estes somente se concretizam quando os passamos para os pés e mãos, que se frutificam em atos.**

Trecho extraído do livro Histórias do passado

> **Não devemos nunca perder uma oportunidade de auxiliar alguém. Porque não basta não fazer o mal, é preciso ser ativo no bem. Fazer o que podemos e devemos, e no momento. Se fizermos pequenas coisas, com certeza estaremos aptos a fazer mais e melhor as grandes, porque somente assim progrediremos.**

Trecho extraído do livro Na sombra da montanha

> **"** Por meio da leitura do livro *Violetas na janela*, meus familiares me deixaram remorrer. Assim que mudei de plano, eles se desesperaram, eu os sentia e não conseguia melhorar. Foi um alívio quando compreenderam que eu não acabara, que continuava vivo morando no Plano Espiritual. Passaram a pensar em mim feliz, e eu, graças a Deus, fiquei como eles queriam. **"**

Trecho extraído do livro O caminho das estrelas

> **Somos nós os beneficiados ao perdoar, pois, ao fazê-lo, livraremos nossos corações da mágoa, do ódio que maltrata e corrompe, da agonia que nos faz sofrer. Aprendamos a perdoar e pedir perdão.**

Trecho extraído do livro Amai os inimigos

> **Temos o dever de cuidar do nosso corpo físico. Ele é vestimenta do nosso espírito, por um período. Erramos quando não cuidamos bem dele. Como também erramos quando não cuidamos da nossa alma. Alimentemos os dois com coisas boas.**

Trecho extraído do livro Na sombra da montanha

> **A morte do corpo físico não acaba com a vida. A continuação da vida é para todos. Sem exceção, todos somos sobreviventes. Não devemos fazer da morte do corpo carnal uma tragédia porque se é forçado a viver de outro modo, a ter um novo recomeço. Não façamos disso um drama. Mas uma viagem, uma mudança que, se for acompanhada de bons atos, é com certeza prazerosa.**

Trecho extraído do livro Um novo recomeço

> **Devemos perdoar e lançar um véu sobre o ato que nos magoou, esquecer, mas este esquecimento não implica aniquilar a memória. O esquecer que recomendo é não ficar pensando, falando sobre o assunto, mas ver esses fatos como insignificantes, dar ênfase a assuntos mais agradáveis, como as coisas boas que nos aconteceram ou acontecem. Ser grato àqueles que nos fizeram ou fazem bem.**

Trecho extraído do livro O caminho de urze

> A desencarnação é como uma grande viagem em que na nossa bagagem estarão somente nossas obras. Se fizermos esta viagem com planejamento, sabendo o que iremos encontrar, tudo se torna mais fácil, principalmente tendo os conhecimentos básicos do que nos espera. Essa viagem pode se tornar agradável.

Trecho extraído do livro O caminho das estrelas

"Devemos amar nosso próximo. Mas quem é o nosso próximo? São todos os nossos irmãos, todos, sem exceção. Querer bem ao diferente é um dos maiores desafios com os quais nos deparamos na nossa trajetória de evolução nessa morada, a Terra. E como será boa essa casa quando toda a humanidade estiver vibrando amor uns pelos outros, de coração, com a alma."

Trecho extraído do livro A órfã número sete

116 | RETALHOS

> "Nós sempre devemos prestar atenção aos nossos pensamentos. Atraímos muitas coisas para nós pelos nossos pensamentos, sejam ruins ou bons. Pensamentos otimistas nos trazem alegrias, nos dão boa energia. Tenhamos sempre pensamentos amorosos e de gratidão."

Trecho extraído do livro A senhora do solar

> **O importante é saber, compreender, que nada de material é nosso realmente, até nosso corpo carnal um dia voltará à natureza. Bens materiais são transferíveis. O que é nosso é aquilo que, ao deixar o corpo físico morto, nos acompanha para a vida no além, ou seja, o que aprendemos, nossos atos, e estes podem ser bons ou ruins.**

Trecho extraído do livro Histórias do passado

> **Negar o sofrimento da vida é mentira, falta de honestidade conosco. Porém ver somente o sofrimento é perigoso, porque gera mais padecimento e pessimismo. Por que então não dar mais atenção aos momentos alegres?**

Trecho extraído do livro O que eles perderam

> **Quando trabalhamos fazendo o bem, ele nos fortalece e alegra. Aproveitemos o tempo. Façamos o que temos de fazer enquanto temos tempo. As oportunidades não voltam, pelo menos não iguais ou com as mesmas pessoas. É como perder um trem em que estão amigos, companheiros de jornada; eles vão e você fica. Pode-se até pegar outro, mas não será a mesma coisa. Alegramo-nos por estar fazendo o que temos de fazer, realizar com amigos, e é prazeroso estar com eles.**

Trecho extraído do livro Na sombra da montanha

> **A ofensa, assim como a maldade, pode nos fazer sofrer; se perdoarmos, entendermos que o ato maldoso que recebemos não nos fez ser maus, que continuamos a ser bons, estamos aprendendo a amar. Porém, quando somos nós os ofensores, o retorno vem para nos ensinar. Assim como o que recebemos pode ser o retorno de nossos atos equivocados. Então, como não perdoar? Entender? É preferível mil vezes sermos os ofendidos do que os ofensores. Quem faz maldades é mau, e isso é muito ruim. Quem faz o bem é bom, isso é maravilhoso.**

Trecho extraído do livro Meu pé de jabuticaba

> **O tempo é precioso, não podemos deixá-lo passar e não fazer nada. Ficar ocioso é desperdiçá-lo, e este não volta mais. Às vezes deixamos para fazer o que nos compete amanhã, e esse amanhã não se torna hoje, não chega. Sempre temos oportunidades de fazer o bem em qualquer lugar que estejamos e mesmo em situações adversas. Porque se, em vez de servir, quisermos ser servidos, continuaremos sendo necessitados.**

Trecho extraído do livro O morro dos ventos

> Encarnar e desencarnar é algo natural, e deveríamos entender e passar por essas mudanças com maturidade. Devemos estar preparados para essa mudança tão importante, pensar que iremos continuar vivendo em outro local após o corpo físico parar suas funções. Quando sabemos para onde iremos, como é viver no Plano Espiritual, tudo fica mais fácil; então aproveitemos agora, no presente, para ter estes conhecimentos.

Trecho extraído do livro O morro dos ventos

> Errar normalmente nos dá alguma forma de prazer. É a porta larga. Porém os erros, pela lei, têm retornos que nos levam a sofrer. Pela dor, vêm o arrependimento e a vontade de acertar. Errar pode ser fácil, mas as consequências não. Muitas vezes determinamo-nos a não errar mais; vencer esta prova é difícil, mas não impossível. Devemos fazer um propósito e tentar acertar mais.

Trecho extraído do livro A senhora do solar

> Ser bom, fazer o bem, não é ser bonzinho, mas fazer o que tem de ser feito. Muitas vezes, para sermos bons, temos que exigir dos outros disciplina, que ajam corretamente, principalmente dentro de um grupo. Às vezes, ao agirmos com severidade e firmeza, podemos parecer autoritários, antipáticos. Porém quem permite abusos sobre a cunha de ser bom, está sendo mau, deixando que outros errem. Quando fazemos prevalecer a verdade, sendo justos, exigir as coisas certas e com ordem e disciplina, estamos sendo bons.

Trecho extraído do livro Meu pé de jabuticaba

> **Todos nós, um dia, se encarnados, desencarnaremos. A vida continua. Não devemos nos desesperar quando um ente amado parte para o Plano Espiritual primeiro, mas sim pensar que a pessoa amada vive em outro lugar muito bonito, imaginando-a bem e sadia. Assim, ajudamos-a a se adaptar na nova morada e a não esquecer que somos todos filhos de Deus. Quando entendemos, tudo fica mais fácil.**

Trecho extraído do livro O que eles perderam

> Deus deu a todos o livre-arbítrio e nos afinamos com quem queremos, a bons ou maus. Somos responsáveis pelo que fazemos. Não devemos esquecer que somos espíritos e trazemos deficiências morais de outras vivências. Por isso não coloquemos a culpa de nossas falhas nos outros. Assumamos nossos erros e devemos fazer um propósito de não errar mais.

Trecho extraído do livro Histórias do passado

> **Deus é o doador, somos os receptores e, para recebermos, temos de estar receptivos. Recebemos conforme nossa receptividade, que é variável, e devemos alargá-la e não estreitá-la. A resistência em procurar e pedir é para que se alargue a capacidade receptiva, dar abertura ao doador. Então essa resistência não é lembrar a Deus das nossas necessidades, mas estabelecer em nós condições de receber.**

Trecho extraído do livro O morro dos ventos

> Normalmente, ao agirmos erroneamente, damos desculpas ou culpamos alguém. A culpa é do outro, o acerto é meu mérito. Porém nossos atos nos pertencem. Podemos usar ou abusar do nosso livre-arbítrio, que é uma graça a nós concedida por Deus, e assim temos a possibilidade de nos fazer bons ou maus. Aproveitemos as oportunidades de sermos melhores. "

Trecho extraído do livro O que eles perderam